LETTRE
A
DUPONT DE L'EURE.

LETTRE
A
DUPONT DE L'EURE,

SUR

LES MAJORITÉS DE LA CHAMBRE ÉLECTIVE, LES MINISTÈRES DE COALITION ET LE MINISTÈRE DANS SES RAPPORTS CONSTITU-TIONNELS AVEC LE ROI;

PAR PONS, DE L'HÉRAULT.

Honneur et Patrie.

PARIS.
LIBRAIRIE DE PAULIN,
PLACE DE LA BOURSE.

1832.

A
Dupont de l'Eure.

Paris, le 4 mai 1832.

MON AMI,

PERSONNE ne sent plus vivement que moi combien est grand, en ce moment surtout, le vide que vous avez laissé ici parmi les amis de la patrie, et vous en serez facilement convaincu.

Ce n'est pas que nous manquions d'hommes

politiques avec lesquels on puisse se livrer à des épanchemens civiques sur les malheurs qui nous frappent, et sur les infortunes dont nous sommes menacés. La France populaire est riche de bons citoyens : elle n'est pas pauvre de grands citoyens. Jamais, aux jours de péril, elle n'a manqué ni des uns ni des autres ; et jamais elle n'en manquera alors que sa voix toute puisssante les appellera à son secours.

Mais il est bien peu de personnes qui possèdent au degré que vous le possédez, cet ensemble de raison, de franchise, de loyauté, de désintéressement, de bonhomie, dont toute votre vie est le noble témoignage, et qui fait que, lorsqu'on a des intentions pures, l'on éprouve toujours le besoin de vous voir, alors même que l'on vient de vous quitter. J'aime surtout la manière dont vous donnez des conseils : avec laquelle vous énoncez votre opinion. Vous ne songez pas au génie ; vous ne faites pas de la profondeur. Tout en vous coule de source. C'est simple comme la nature : c'est la nature. Ce n'est pas d'un homme d'état : c'est d'un homme de bien. On vous écoute : on vous croit : la pensée que vous exprimez devient la pensée commune. Votre politique est toute de vérité.

Il est donc naturel que je vous regrette.

Mais de ce que vous vous êtes éloigné de la capitale, il ne s'en suit pas rigoureusement que nous, malheureux pour ainsi dire attachés à la glèbe, nous soyons tenus de vous laisser jouir avec tranquillité, dans l'éloignement des affaires publiques, d'un repos qui, ce me semble, ne doit plus vous être permis.

Quant à moi, je suis d'avis que vous devez encore courber sous le fardeau ; et, dans cette manière de voir, mon amitié et ma confiance vont, par anticipation, vous poursuivre jusqu'au sein de votre retraite.

Notre situation politique est très-grave ;

depuis la décadence gouvernementale qui amena l'inconstitutionnalité du 18 brumaire, la France n'en a pas eu de plus menaçante; et, quelque opinion qu'on puisse avoir, il est impossible de ne pas gémir d'un pareil état de choses.

La composition et l'action des ministères sont une des causes qui influent le plus immédiatement sur le sort des peuples. Il est donc important d'examiner pourquoi cette composition et cette action n'ont jamais, surtout depuis la restauration, entièrement répondu à la juste attente du peuple français. C'est à cet examen que je vais me livrer. Je vous soumets mon sentiment : je le soumets au public. Vous direz si j'ai bien saisi la question : le public le dira aussi.

Il est naturel que je m'empare du moment actuel.

J'entre en matière.

Des majorités, et des ministères de majorité.

Je reviens sur une opinion que j'ai déjà eu occasion de manifester. Il est permis de répéter ce qu'on croit utile.

Tandis que le peuple agioteur, indifférent aux améliorations sociales, cherche à faire croire que le ministère du 13 mars n'est point frappé de paralysie, le peuple prétentieux, qu'aucun sentiment patriotique n'effleure, s'agite pour trouver place dans les combinaisons doctrinaires dont la camarilla menace la France, et auxquelles nous devrons sans doute un autre cabinet très-humble serviteur de la sainte-alliance.

Quoi qu'en disent les feuilles salariées, l'on s'occupe du remplacement d'un pouvoir qui, par le fait, a cessé d'être, et déjà nous connaîtrions les nouveaux élus si parmi les personnes auxquelles on s'est adressé il s'en était trouvé d'assez faibles pour consentir à continuer un système plus désastreux encore qu'aucun de ceux dont la restauration avait fait la triste épreuve.

Et, aujourd'hui comme pendant les quinze années néfastes, les prétendus hommes d'état qui président aux destinées de notre belle France, dénaturant l'idée de la souveraineté nationale, semblent croire que tout gouvernement représentatif est un gouvernement national, et faisant découler de ce faux principe des conséquences plus fausses encore, ils soutiennent que la condition essentielle d'un gouvernement basé sur la représentation, quelle que soit cette représentation, bonne ou mauvaise, est de s'appuyer sur la majorité de la chambre élective.

Une nation n'est vraiment représentée qu'alors qu'elle a eu la liberté pleine et entière de choisir ses représentans : c'est sur cette latitude de choix que le gouvernement national se fonde. Les publicistes complaisans du pouvoir diront que c'est là la république... La république soit; mais c'est le gouvernement national; et ce qui n'est pas cela est autre chose que le gouvernement national, du moins dans toute l'étendue du mot. Les phrases les plus alambiquées ne détruiront pas ce que cet argument a de simple et de vrai. Il n'y a que la nation qui puisse faire la nationalité : une partie de la nation ne forme qu'une partie de la nationalité : quelquefois même elle est en dehors du caractère national : telle fut la première émigration.

Mais que feint-on d'entendre par ce mot *république*, et pourquoi veut-on faire de la république le bouc émissaire de la civilisation ?...

L'état fondé sur la souveraineté nationale, que sa représentation élective ait toute l'étendue dont elle est susceptible, ou que sa représentation soit limitée, est un état républicain. Si le pouvoir exécutif y est confié à un empereur, ce sera une république impériale ou un empire républicain; si c'est à un roi, ce sera une monarchie républicaine ou une république monarchique; et enfin, selon la forme de son gouvernement, ce sera ou une république démocratique, ou une république aristocratique, ou une république oligarchique, ce qui n'empêchera point qu'il y ait absence de la véritable représentation nationale partout où le vote électif ne sera pas universel. J'entends l'universalité sociale.

La république consulaire enfanta la république impériale, et Napoléon fit pâlir son étoile tutélaire, lorsque, pour plaire aux monarques absolus, il prononça le divorce de l'empire avec la république. C'était séparer la gloire et la patrie.

Dans les dissensions d'une haute gravité, il ne faut pas s'arrêter aux mots, il faut passer aux choses, les approfondir, et, pour ne pas se tromper, les voir telles qu'elles sont.

La France est aujourd'hui une monarchie républicaine : le patriarche de la liberté l'entendait ainsi alors qu'il disait que la royauté issue des barricades était la meilleure des républiques. Le respectable Lafayette croyait à des institutions républicaines plus larges : il s'est trompé : il n'a pas trompé. Ce serait une chose odieuse que de lui reprocher les déceptions doctrinaires dont il a été la première victime.

Qu'ils sont coupables envers la patrie, ceux qui pouvant rallier tous les cœurs généreux autour du trône sorti des barricades, ont fait tout ce qui leur a été possible de faire pour étouffer les nobles sentimens qui devaient être la gloire et le soutien de l'œuvre populaire !...

Reprenons notre question.

La représentation uniquement établie sur le cens, ne représente que les contribuables appelés seuls à la nommer, car la nation n'a pas donné à ces contribuables mandat d'élire pour d'autres que pour eux, et l'argent qui fait des contribuables une classe privilégiée, ne les dotant en sus, ni de plus d'honneur, ni de plus de patriotisme, ni de plus de désintéressement, ni de plus de lumières que le commun des citoyens, il en résulte, du moins en général, que les délégués des plus forts contribuables arrivent à la chambre avec une tendance de faveur pour les intérêts spéciaux dont ils sont les organes. Ce ne sont pas des représentans du peuple : ce sont des députés d'une fraction du peuple. La nation ne se reconnaît que dans ses propres œuvres : elle seule imprime le cachet de l'émanation nationale.

Ici je ne puis m'empêcher de faire une remarque qui naît naturellement de mon sujet.

L'on n'a peut-être pas prêté assez d'attention à la différence législative qu'il y a entre un représentant de la nation et un député national. Un représentant est l'élu de la nation : un député est le chargé d'affaires d'une fraction nationale. La nation n'a rien au dessus d'elle : elle est le tout social : ses décisions sont des décisions suprêmes. De telle sorte qu'elle n'a pas besoin de députer pour obtenir ce quelle veut avoir : ce serait se députer elle-même à elle-même. Elle élève la voix : elle a : elle a quand elle veut : elle a comme elle veut. Sa manière de parler est établie par ses propres lois. Elle choisit à sa volonté les citoyens qu'elle croit les plus capables d'expliquer sa pensée : elle leur transmet l'expression de sa volonté : c'est-à-dire qu'elle se fait représenter là où elle croit devoir paraître. Sa représentation c'est elle : c'est sa souveraine puissance. Les représentans de la nation sont la nation. Toutefois la nation est toujours la première à donner l'exemple du respect pour la loi régnante... Il n'en est pas de même du caractère national des députés. Délégués d'une fraction nationale, ils n'ont et ne peuvent avoir d'autre mission que celle de faire valoir les droits politiques dont jouissent leurs commettans, et mandataires spéciaux, quelque titre qu'ils prennent, ils doivent renfermer leur spécialité dans les limites spéciales de ceux dont ils tiennent leur mandat.

Quelquefois la nation modifie l'exercice de son autorité, mais c'est à des conditions qu'elle a stipulées dans le pacte fondamental qui la régit, et cela n'altère en rien le principe de son pouvoir au dessus de tout pouvoir.

La pensée de changer le titre de représentant en celui de député, ne fut sans doute pas une pensée populaire; toutefois elle était conséquente avec la marche purement monarchique du gouvernement impérial, et ce serait ridicule que de chercher à le démontrer.

Ainsi la chambre des députés ne représente

pas la nation. Elle est envoyée par des intérêts particuliers pour veiller à l'intérêt général qui comprend tous les intérêts.

Mais les intérêts particuliers sont renfermés dans un cercle d'individualité presque toujours vulnérable aux attaques du pouvoir, et où le pouvoir ne manque jamais d'aller les assiéger. On les prend un à un : on les flatte : on les séduit : on les gagne : on les achète. Ils font nombre. Alors ils servent d'instrument à ceux qui les ont enlacés dans leurs filets. De là ces majorités qui, toujours onduleuses quand il est question des intérêts du peuple, sont sans cesse compactes alors qu'on leur demande des votes anti-populaires; de là les déceptions multipliées des ministères qui, se jouant de l'honneur et de la patrie, prennent leur point d'appui sur ces majorités et sur l'allocation des fonds secrets; et de là enfin, le mécontentement général qui n'a jamais cessé de se manifester, même en présence des baïonnettes qu'on a dû maintes fois croiser pour le forcer à se taire.

L'expérience ne l'a que trop prouvé !..... Lorsque la majorité d'une assemblée représentative se compose d'élémens particuliers qui ne peuvent point se coordonner, ou qui refusent de se coordonner avec l'élément constitutif de la nation, et que le ministère ne se range pas du côté de la nationalité, tout ce qui émane d'une pareille assemblée ou d'un pareil ministère, porte indubitablement le type du despotisme d'une part, et de la corruption de l'autre. J'en appelle à ce qui s'est passé sous nos yeux dans la fatale session dont la France conservera un long souvenir de honte et de douleur.

Les fastes des gouvernemens parlementaires n'offrent pas d'exemple d'un ministère aussi arrogant et d'une chambre aussi servile. Jamais le mensonge de tribune n'a été plus audacieux : les acclamations de bassesse plus dégoûtantes. L'obéissance passive était la loi commune des bancs ministériels : elle a imprimé son cachet à ses votes. Aussi, un mot, un regard, un geste de la part du ministère, suffisait-il pour faire parler ou pour faire taire les titulaires de ces bancs privilégiés, où tout est intrigue et ambition ; pour que les énergumènes titrés se livrassent à des cris improbateurs ou à des applaudissemens d'adulation ; pour que les matamores officieux fussent souples ou fussent insolens ; et il y a tel nom pris dans les rangs des députés soumis à l'esclavage ministériel, qui deviendra historique par le seul fait de la constance de son abaissement éhonté. Il y aura célébrité de vasselage et de soumission. Un jour peut-être, par une autre imprudence ou par une autre franchise, le public apprendra ce que quelques parties de ce dégoûtant amalgame ont coûté à la cassette de réserve.

Et quand la chambre des députés tout entière, telle qu'elle est actuellement composée, ne remplit point les conditions nécessaires pour représenter la nation, dans l'idée que je me fais de la représentation nationale, l'on voudrait que la majorité de ces membres, ce qu'on appelle les centres, le juste milieu, débris de toutes les défections, de toutes les apostasies, retraite des renégats et des transfuges, l'on voudrait, dis-je, que cette majorité fût l'organe national!...

Mais qu'a donc fait la nation pour la traîner ainsi dans la même ornière où vont se vautrer les misérables qui l'ont trahie ou abandonnée!...

Ne serons-nous jamais assez initiés au gouvernement national pour comprendre que ce gouvernement ne peut marcher qu'avec des hommes nationaux, et que les hommes nationaux sont bien loin de se trouver parmi ceux qui, modelant leur conscience au gré de leur ambition, sont toujours prêts à se vendre au pouvoir qui veut les acheter !...

Les gouvernemens qui ne sont pas nationaux, quelque nombreux qu'ils soient, sont des gouvernemens d'exception, et quoique les siècles les aient consacrés, ils n'en jurent pas moins avec la raison humaine. Le monde civilisé n'a pas deux opinions à cet égard. Mais alors qu'on veut être gouvernement national, il ne faut pas fausser la nationalité en se rapprochant des gouvernemens d'exception, et c'est s'en rapprocher que de créer des prérogatives de richesse. Tous les priviléges détruisent l'harmonie de l'état social qui les supporte : ils finissent par enchaîner et par détruire la société.

La condition vitale d'un gouvernement national, tel qu'il doit être, est de se lier, de s'identifier, de se confondre avec la masse de la nation, de n'écouter que la voix nationale, de ne servir que les intérêts nationaux. Cette condition franchement remplie, la chambre élective marchera bon gré mal gré dans le sentier national que le gouvernement lui aura tracé ; et si, par une folie d'esprit ou une combinaison factieuse, la chambre élective refusait de s'identifier avec le gouvernement, le gouvernement la dissoudrait, et la nation reconnaissante se hâterait d'envoyer une chambre patriotique. Il en serait ainsi même avec le principe défectueux des élections actuelles. L'on ne citerait aucune circonstance où la nation n'ait pas noblement répondu à un appel national. Jamais la nation, livrée à elle-même, n'a fait choix de ces hommes-créatures qui n'ont d'autre volonté que la volonté d'obéir, et qui, en dernière analyse, après avoir acquis une réputation de flétrissure, sont répudiés par tout ce que le monde a des gens de bien, souvent même par les instigateurs de leurs plus coupables méfaits.

Que le gouvernement soit national, tout

sera national avec lui, comme lui, et de sa nationalité naîtra la confiance patriotique, sans laquelle il n'y a ni affection populaire ni sécurité politique.

Mais comment la confiance, l'affection, la sécurité pourraient-elles s'établir et jeter de profondes racines, alors que les gouvernemens représentatifs, ceux-là même qui sont issus immédiatement de la souveraineté nationale, semblent ne se complaire que dans les systèmes les plus antipathiques aux nations !...

Examinez ceux de ces gouvernemens qui se font un jeu quotidien de la déception. Ils affectent de marcher avec la majorité de la chambre élective qu'ils paraissent ostensiblement considérer et qu'ils voudraient parvenir à faire considérer comme l'expression réelle de la majorité nationale, et, se jouant ainsi de la crédulité publique, ils empruntent un air de popularité pour frapper et détruire tout ce qui est populaire.

Quelle majorité !... Une faible parcelle de la nation est admise à l'exercice des droits électifs, et la corruption la plus effrontée épuise toutes ses ressources pour obtenir des votes favorables aux candidatures que l'opinion publique repousse avec le plus d'indignation....

Quelle majorité !..... Aucun sacrifice ne coûte pour l'obtenir. Promesses, menaces, destitutions, promotions, mensonges, émeutes, le sang des citoyens, l'or des contribuables, tout est de bon aloi, et tout est employé.

Quelle majorité !... L'honneur n'y trouve pas un seul soutien, la patrie un seul défenseur, la justice un seul apôtre, et le peuple un seul ami !...

Sans doute c'est une majorité; mais c'est une de ces majorités, *plaies politiques du gouvernement représentatif*, qui n'existent que par le pouvoir et pour le pouvoir, et que l'entraînement du pouvoir laisse sans aucune espèce de puissance d'action personnelle.

Il était dans le vrai, cet orateur éloquent qui, du haut de la tribune nationale, disait à la tourbe adulatrice : *Votre majorité est une majorité fictive.*

Ah! combien elle est différente de cette majorité de fiction, la majorité nationale qui, émanation pure d'une élection sans tache, représente en réalité et défend avec courage la véritable majorité de la nation!...

Allez, hommes de bien, allez, vous tous qui, avec l'amour du vrai, voulez étudier et comprendre ce que c'est que la représentation de la majorité nationale; allez méditer les pages historiques des quinze années de restauration... Allez vous recueillir au pied de ces tombeaux populaires sur lesquels la douleur publique va chaque jour exprimer des regrets et verser des larmes... Allez visiter les malheureux qu'une nouvelle inquisition amoncèle dans les cachots... allez sous le chaume du misérable laboureur, du pauvre citadin; partout où il y a des droits à défendre, des infortunés à secourir... allez, et ce que vous verrez et ce que vous entendrez, leçon palpitante des souvenirs déchirans du passé et des fatales déceptions du présent, vous expliquera comment la nation comprend le principe et la majorité de sa représentation. Partout où l'honneur règne, où la patrie respire, les noms de *Manuel*, de *Foi*, de *Benjamin Constant*, et du petit nombre de leurs nobles amis, comme eux descendus dans la tombe, frapperont votre oreille, arriveront à votre cœur, et ces noms, grands par le génie ou respectables par la vertu, seront la démonstration complète que les représentations de la majorité nationale ne se trouvent et ne peuvent se trouver que dans la réunion des soutiens incorruptibles de tous les intérêts nationaux. Trois lustres de gloire leur ont donné le droit de faire loi.

On ne saurait trop le répéter. Un gouvernement national, monarchique ou républicain, ne dépend point de la majorité de la chambre élective; c'est dans la majorité de la nation qu'est toute son existence, toute sa force, toute son inviolabilité; et autant vaudrait nier la lumière que de méconnaître cette vérité.

Pourquoi donc aller constamment mendier à la chambre élective, des coalitions ministérielles, dans le seul but d'obtenir une majorité féconde en exigences, et qui dicte des conditions, alors même qu'elle n'a pas le droit légal de traiter!... Un gouvernement qui aurait la conscience de son patriotisme, de ses intentions pures, ne tendrait pas ainsi la main; il marcherait en ligne directe devant lui, le front levé, pensant et parlant hautement; et ceux qui l'humilient quand il les sollicite, baisseraient la tête en signe de respect, partout où son action salutaire se ferait sentir.

Les coalitions ministérielles sont la réunion de quelques partis jusqu'alors opposés, et qui se liguent contre d'autres partis dont ils redoutent la domination. La patrie n'est pour rien dans les combinaisons réciproques des coalisés; tout y est soumis à l'influence des prétendans au pouvoir, et l'intérêt de cette influence domine tous les autres intérêts. Je ne crois pas qu'on pût citer un seul ministère de coalition qui ait été unanimement un ministère national; ils n'ont servi qu'à perpétuer l'existence de passions, et c'est de coalition en coalition que nous sommes tombés dans le précipice ministériel au fond duquel nous avons retrouvé tous les maux dont l'immortelle révolution de juillet nous avait délivrés.

Sans doute, les partis qui se liguent pour former un ministère de coalition, apportent chacun un nombre de voix qui, réunies, font la majorité de la chambre à laquelle ils appartiennent, et c'est avec cette majorité que le ministère peut arriver au but qu'il se propose d'atteindre. Mais si la chambre est mauvaise, si les partis qui se disputent le pouvoir y sont également passionnés, le ministère, œuvre des partis qui l'ont emporté, ne sera ni bon ni juste, et, entraîné par la nature des élémens qui le composent, il fera de l'oppression contre les partis qui lui ont été et qui lui sont opposés.

Et si, dans ma conscience, j'examine scrupuleusement la possibilité pour un ministère de coalition d'être un excellent ministère, je n'acquiers que la conviction du contraire.

Des partis qui ont lutté pour obtenir le pouvoir, dans les vainqueurs comme dans les vaincus, il ne peut y avoir qu'un seul parti bon, et si ce bon parti est le parti triomphant, il se gâtera nécessairement par le seul fait de son intimité obligée avec les autres partis, avec les autres partis dont jusque là il repoussait les principes, puisqu'il y avait une ligne de démarcation qui les séparait, et qu'ils marchaient sous des bannières différentes. Que sera-ce donc si parmi les partis qui ont remporté la victoire, il n'y a pas même le seul bon parti qui puisse exister?... Alors l'absence de toute espèce de bien sera, pour ainsi dire, le libre arbitre de toute espèce de mal.

Ce n'est pas tout. Si, pour avoir une majorité assurée et disponible, vous faites concourir les partis qui se heurtent à la création des ministères de coalition, il en résultera que vous aurez consacré l'existence de ces partis, que vous aurez reconnu ou qu'il vous faudra reconnaître leurs drapeaux, avouer leurs chefs, discuter leurs prétentions, et, quelques précautions que vous puissiez prendre, cela vous conduira dans un labyrinthe inextricable dont vous aurez toutes les peines du monde à pouvoir sortir.

Les partis ne voient qu'eux : ils considèrent comme fait contre eux tout ce qui n'est pas fait pour eux. C'est en vain qu'une combinaison d'intérêt les aura rapprochés, un intérêt contraire les éloignera encore, et leur nouvelle division, fruit d'une mutuelle ambition, réciproquement mieux connue et mieux appréciée, retrempant leur haine, apportera et dans la chambre et dans la société, d'autres fermens de discorde plus envenimés et plus dangereux que ceux qu'elle y avait précédemment jetés.

Il serait plus facile de comprendre le bien qu'on pourrait obtenir d'un ministère de fusion.

Un ministère de coalition est le produit d'un calcul matériel : un ministère de fusion appartient à des combinaisons morales. Le ministère de coalition représente les partis :

le ministère de fusion représente les opinions.

Les opinions les plus opposées peuvent avoir un principe également généreux. Ainsi, il est possible de croire, avec la même bonne foi, que le gouvernement républicain est le meilleur des gouvernemens, que la monarchie de droit divin est le fondement le plus solide du bonheur des nations, que la royauté populaire est le perfectionnement social, et, dans ces diverses opinions, les hommes de bien, qu'ils soient dans le vrai ou qu'ils soient dans le faux, n'en seront pas moins respectables ; car ils n'auront pas cessé d'être des hommes consciencieux.

Les véritables amis de la patrie combattent à armes égales, dans le champ clos de la presse, les opinions qu'ils croient nuisibles aux intérêts populaires ; mais ils n'en proscrivent aucune, et ils gémissent alors que de mauvais interprètes de mauvaises lois, faisant la guerre à la pensée, semblent prendre à tâche de museler la plus précieuse de nos libertés.

C'est dans les opinions diamétralement opposées et pourtant également consciencieuses, également fondées sur l'amour du bien public, qu'est la possibilité d'une fusion utile et honorable.

Ainsi, par exemple, au moment où un danger imminent menacerait l'existence politique de la France, où l'ennemi foulerait la terre sacrée, il n'y aurait rien d'étonnant de voir l'élite bien intentionnée des partis jusqu'alors livrés à des combats opiniâtres, se dire mutuellement : « Déposons nos opinions sur l'au- » tel de la patrie, sauvons le pays, et nous re- » viendrons ensuite à nos convictions.... » Mais ce serait là une fusion toute de patriotisme, et non pas une fusion toute de pouvoir. Ce ne serait point pour entrer au ministère : ce seroit pour monter à la brèche. Il ne serait pas question de la force ou de la faiblesse des majorités: on compterait sur le dévoûment. Sauver le pays : voilà la seule condition qu'on stipulerait.

Mais qu'ils sont rares les hommes que j'ai l'intention d'indiquer !... Ce n'est ni dans le juste milieu, ni dans les centres, ni dans le doctrinarisme, ni dans les habitués d'antichambres, ni dans aucun des autres rangs anti-populaires, que vous trouverez des opinions assez généreuses, des caractères assez forts pour se sacrifier à l'intérêt général. Les bourbiers politiques sont comme la boîte de Pandore : il n'en sort aucun bien : c'est là que la restauration est allée chercher les coalitions de majorité auxquelles nous devons cette longue série de malheurs dont la continuité est vraiment désolante. Nous n'en sommes pas d'ailleurs à cet état de maladie où l'on n'attend plus rien que des remèdes extrêmes.

Les écrivains mercenaires vantent outre mesure l'union de la majorité de la chambre des députés avec le ministère : cela se conçoit. Mais quelle est cette majorité ?... quel est ce ministère ?... La France les désavoue tous deux : tous deux l'ont dépouillée du noble héritage que la révolution de la grande semaine lui avait légué : tous deux l'ont forcée à se couvrir d'un voile funèbre. Ne fermez pas l'oreille aux cris accusateurs que Lyon et Grenoble font entendre contre le ministère et contre le juste milieu. Écoutez le rétentissement de l'indignation publique qui poursuit cette monstrueuse association... Ensuite osez louer !

Il est malheureusement vrai de dire que les majorités ministérielles de la chambre des députés ont faussé la représentation nationale : elles n'ont compris leur mission que dans leur propre intérêt : la députation leur a servi de marchepied pour s'élever au pouvoir. Voilà pourquoi les ambitieux tiennent à ce que la chambre élective soit une pépinière de ministres : tous visent à un portefeuille.

n'importe quelle que puisse être leur inaptitude aux affaires d'état: ils ne s'en croient pas moins capables de gouverner.

Il n'en était pas ainsi aux différentes époques de l'assemblée constituante et de l'assemblée législative, de la convention nationale, du conseil des cinq-cents et du conseil des anciens, de la chambre consulaire et de la chambre impériale; et, alors, plus religieux observateurs des devoirs qui leur étaient imposés, les législateurs ne se faisaient point un jeu de déserter la chaise curule pour passer au ministère.

Les députés, dans la réalité de leur mandat national, sont chargés de surveiller les ministres; ils ne doivent donc pas travailler à devenir ministres, et ils manquent à leurs engagemens quand ils répudient la tribune pour prendre un portefeuille. Et observons que la corruption poursuit sans cesse les députés qui aspirent pardessus tout au pouvoir... L'ambition les aveugle : les enchaîne : ils n'agissent que par elle et pour elle. Cela est si vrai que si l'on prend la peine de suivre pas à pas les députés qui de la majorité de la chambre élective sont passés au conseil, et qu'on se livre à l'examen approfondi de leurs actes, de leurs discours, de leurs intrigues, de leurs votes, on se convaincra facilement que la carrière de la plupart d'entre eux n'a été qu'un enchaînement continuel de tripotages politiques dont le peuple a toujours dû gémir.

Ils m'est impossible de comprendre comment il se fait que *les introuvables*, *les ventrus*, *les trois cents*, c'est-à-dire les centres qui ont fait la majorité ministérielle de toutes les époques, surtout de l'époque actuelle, n'aient pas guéri et les gouvernans et les gouvernés de la foi punique de cette race montonnière tapie honteusement derrière tous les partis, jusqu'au moment opportun où elle peut se glisser dans les rangs du parti qui triomphe! La vérité est que les centres n'ont pas donné un seul grand citoyen à la France ; loin de là, ils ont rabougri tous les hommes qui ont adopté leur banderole, et c'est là où l'on va rougir quand on n'a pas perdu toute espèce de pudeur. La postérité ne laissera pas échapper que, maintenant, on se sert de cette épithète pour désigner un mauvais député, *c'est un député du juste milieu*. Le juste milieu c'est les centres, avec la livrée du jour, et l'on peut confondre les deux dénominations sans craindre de commettre une erreur grave. Il faut convenir qu'aucune faction n'est descendue aussi bas que la faction du juste milieu : ce n'est certainement pas là où la nation trouvera ses défenseurs.

Ma raison suffit bien pour me faire concevoir qu'un gouvernement qui n'est pas d'origine nationale, ou qui ne veut plus être national, s'appuie sur des majorités sans nationalité, et puise dans ces sources impures des armes contre la nation ; mais, je l'avoue, je ne puis point me rendre compte pourquoi un gouvernenent d'origine nationale, paraissant s'enorgueillir de sa nationalité, cherche à s'appuyer ailleurs que sur la nation, et intervertisse, sans nécessité aucune, l'ordre des choses auquel il doit ce qu'il est... Anomalie funeste, qui porte le germe de mille calamités, et sur laquelle nous aurons à verser des larmes amères!

Revenons aux ministères de coalition; et, raisonnant toujours dans l'hypothèse d'un gouvernement national, disons quels sont les ministères qu'il faut leur préférer.

Le gouvernement, alors qu'il est bien intentionné, n'a point à s'inquiéter de ce que veut ou de ce que ne veut pas la chambre élective, lorsque cette chambre manifeste de mauvaises intentions; qu'il agisse dans l'intérêt public, et les centres ou le juste milieu, en rongeant leur frein, applaudiront comme s'ils étaient satisfaits.

C'est par le travail et le patriotisme, et non par la coalition des partis, que dans un gouvernement national les citoyens doivent parvenir au ministère; il faut prendre le savoir là où il se trouve; dans la chambre, si les besoins de l'état l'exigent; hors de la chambre, si le talent est ailleurs qu'à la chambre; et quand ce sera chose certaine que le mérite est un droit acquis, qu'une vie de probité, de dévouement, de labeur, n'est pas sans cesse exposée à être sacrifiée aux intrignes de cour, ou à des trames anti-nationales; lorsqu'il sera démontré que, même au pouvoir, il est permis d'être honnête homme, ami du pays, du peuple, de la liberté; l'opinion publique, beaucoup moins passionnée qu'on ne croit, indiquera les choix les plus dignes. L'exercice de la science administrative ne peut point se passer des leçons de l'expérience; hé bien! qu'on la consulte cette expérience, elle démontrera que les coalitions de parti ou de majorité, comme on voudra l'entendre, ont rarement doté la France de ministres spéciaux pour les ministères auxquelles elles ont fait nommer; et l'on peut ajouter, ou répéter, que c'est d'elles que sont nés tous les fléaux ministériels dont le passage a laissé des traces funestes.

Il est temps que la prostitution des boules cesse d'être une chance de faveur : il est temps surtout que des majorités factices n'imposent plus leur versatilité souvent corrompue et toujours dangereuse : il est temps enfin que les destinées de la patrie échappent des mains inhabiles à les diriger.

Mais les tourmentes politiques, tristes effets dont je viens, autant qu'il est en moi, d'expliquer les déplorables causes, ne sont pas cependant les seules qui contribuent aux calamités de toute espèce qui depuis long-temps pèsent si douloureusement sur le sort de la nation. L'action des ministères entre pour beaucoup dans le bonheur ou dans le malheur public.

Quel est le caractère de cette action?... Qui a le droit de la diriger?... Comment doit-elle être dirigée?...

Les ministres sont placés sous les ordres immédiats du roi : ils représentent le roi : ils agissent au nom du roi. Voilà la seule chose que la Charte nous apprend.

Un roi constitutionnel est l'homme de la nation : il n'est roi que par l'intérêt et pour l'intérêt de la nation. Toutes ses œuvres doivent porter l'empreinte nationale. Cependant nous avons entendu cette exclamation ministérielle : *Nous sommes les ministres du roi : nous ne sommes pas les ministres de la nation :* cachet historique d'une époque vers laquelle notre marche rétrograde nous ramène avec une rapidité qui pourrait effrayer les plus intrépides.

Le ministère peut-il se prévaloir de sa responsabilité pour agir seulement d'après ses propres inspirations?... A-t-il le droit de s'isoler du monarque?...

Toutes ces différentes questions, qui ont chacune une importance réelle, me paraissent cependant se confondre dans la discussion à laquelle je vais me livrer.

Des ministères dans leurs rapports constitutionnels avec le roi.

J'ai dit que je m'emparais du moment actuel : cela signifiait que je prenais corps à corps le ministère du 13 mars.

Ainsi pour démontrer la possibilité d'un mauvais ministère, je n'aurai pas à en appeler aux pages honteuses dont la restauration a flétri ses fastes, et il me suffira de puiser mes preuves dans le cabinet actuel. Il est l'excès des excès.

L'on trouve de tout dans notre fatal ministère, de tout, excepté ce que la France voudrait y trouver, du patriotisme pur, un dévouement sans réserve pour la gloire nationale, et, enfin, les sentimens généreux auxquels la révolution de juillet doit avoir donné naissance.

Et ce ministère qui a de si malheureuses ressemblances avec tout ce que les ministères de la restauration ont eu d'*incompatible* et de *déplorable*; ce ministère, plébéien par essence et aristocratique par calcul, tendant même à l'oligarchie; ce ministère, dis-je, a commencé par annoncer avec une brusque ostentation, qu'il avait dépouillé le roi-citoyen de la plus belle prérogative de la royauté nationale, celle de se mêler des affaires de la nation, et dans l'abandon d'un amour-propre déplacé, il est allé jusqu'à vouloir faire considérer ce changement comme un triomphe... La vérité est que le peuple n'a rien gagné à la prétendue victoire ministérielle. Le ministère du

13 mars ne pouvait pas lutter en faveur d'une cause populaire : il n'a jamais compris le peuple : jamais le peuple ne le comprendra. Leur nature n'est pas la même.

La détermination du ministère est, ce me semble, fondée sur une exagération politique dont on a fini par faire un principe gouvernemental, et la chose vaut la peine d'être sérieusement examinée. Examinons.

L'opinion publique se plaignait de la marche du gouvernement : elle accusait les ministres. De leur côté les ministres prétendaient qu'ils n'étaient pas les maîtres d'agir selon leur propre conviction, *qu'une volonté auguste les dominait*, et qu'on devait plutôt les plaindre que les blâmer. Il est inutile de faire observer que cette volonté auguste était la volonté royale. Ainsi l'on rejetait sur le roi la cause palpitante du mécontentement qui se manifestait, ce qui n'était ni juste ni généreux, puisque le roi n'empêchait point et ne pouvait point empêcher que les ministres donnassent leur démission. Il faut bien en convenir, la conservation du portefeuille était la preuve manifeste que l'on voulait ce que le roi voulait, car il y aurait du dévergondage à avouer qu'on n'obéissait que pour rester au pouvoir. Le ministre le plus populaire que la révolution de juillet nous ait donné, se sépara du ministère dès qu'il crut que l'honneur et la patrie lui imposait le devoir de ne plus en faire partie, et cette décision lui valut de nouveaux droits au respect public.

Il ne m'appartient point de rechercher ce que le roi a fait ou n'a pas fait dans l'intérieur du cabinet; je ne vois que les résultats. Les actes contresignés par des ministres sont des actes ministériels. Tant pis pour ceux qui ont la lâcheté d'apposer des signatures que leur conscience désavoue.

Dans une monarchie absolue, le monarque investi sans réserve, et du pouvoir législatif et du pouvoir exécutif, n'ayant aucun compte à rendre, aucune satisfaction à donner, maître par conséquent de faire ce qui lui plaît et comme il lui plaît, gouverne, administre selon son bon plaisir, et les ministres, automates intellectuels, aveuglement soumis à sa volonté suprême, peuvent se mettre à l'abri de tout reproche en disant, *Nous avons fait ce que le souverain notre maître nous a ordonné de faire : nous sommes ses sujets.*

Mais quand la monarchie est constitutionnelle et représentative, que le principe de la souveraineté nationale est reconnu, les choses se passent ou doivent se passer autrement, et voici, du moins je le pense, la règle positive pour servir de base fondamentale à l'action ordinaire du gouvernement monarchique et représentatif.

Le souverain national est, dans l'exercice légal de son autorité, le représentant immédiat et permanent de la nation; il parle pour la nation, il agit pour la nation, et la nation lui transmet ses pouvoirs comme elle lui transmet son inviolabilité; ce qui signifie en droit politique, que le pouvoir et l'inviolabilité du souverain national ne sont autre chose que le pouvoir et l'inviolabilité de la nation. Il ne faut pas perdre cela de vue.

Toutefois l'inviolabilité ne donne pas l'infaillibilité. Les rois sont des hommes, et, hommes, sujets à toutes les faiblesses humaines, ils peuvent se tromper. C'est pour cela que les nations payent, même bien chèrement, pour que les rois nationaux s'entourent de conseillers dont les lumières et la sagesse puissent les empêcher de commettre des erreurs. Ces conseillers on les appelle ministres : ils sont responsables des conseils qu'ils donnent. Leurs conseils sont constatés par les actes qu'ils ont revêtu de leur signature. L'exécution de ces actes leur est confiée; et, à cet égard, ils sont juges des mesures à prendre, alors pourtant que les lois n'ont pas déjà indiqué ce qu'il faut faire pour exécuter.

De manière que le roi conçoit ou est censé concevoir ce que les ministres exécutent; c'est-à-dire que le roi gouverne, que les ministres à portefeuille administrent, deux choses bien distinctes et bien séparées, sans cependant que l'autorité ministérielle puisse, dans aucun cas, être indépendante de la prérogative royale.

Le roi dit à une personne ou à des personnes de sa confiance : « J'ai décidé que le » gouvernement suivrait un tel système, et » je vous charge d'organiser un ministère » propre à marcher selon mes vues... » Le ministère admis prend des engagemens: alors la loyauté ne lui permet point de s'écarter des principes dont on lui a fait une condition à son entrée au pouvoir. Ici le roi a gouverné... Bientôt le roi change d'opinion : le ministère reste fidèle à la sienne : le roi le congédie : c'est encore gouverner. Sans doute il est possible que ce changement soit l'effet d'une mauvaise cause; mais il est possible aussi que le roi, éclairé par l'expérience, ait compris qu'il pouvait mieux faire que ce qu'il avait fait, et, dans tous les cas, il a usé légalement de sa prérogative.

Si, au contraire, les ministres restés constamment dans la ligne que le roi leur a d'abord tracée, et qu'ils se sont engagés à suivre, lui présentent et des hommes et des mesures propres à l'accomplissement des projets dont l'exécution leur est confiée avec responsabilité, et que le roi, sans autre raison que son caprice, nomme d'autres hommes et prenne d'autres mesures, alors le roi sort du gouvernement constitutionnel pour entrer dans le gouvernement absolu; il ne se borne pas à gouverner, il administre, et son règne est un règne de despotisme. Le roi a tort...

mais les ministres n'ont raison qu'autant qu'ils refusent leur adhésion à cet abus de pouvoir, et qu'ils quittent le ministère. L'intérêt du pays exige même que les ministres fassent connaître avec vérité pourquoi ils se retirent. Et si les ministres, gens de cœur et de patriotisme, ne se prêtent point à la volonté inconstitutionnelle du roi; que fera le roi?... Passera-t-il outre!... mais alors, il faut qu'il en appelle aux baïonnettes, qu'il brise l'édifice constitutionnel, et l'édifice constitutionnel brisé, il n'y a plus de royauté constitutionnelle. La nation reprend ses droits : le roi descend du trône.

Il y a des circonstances où un ministère n'a à suivre que son propre système : celui qu'il s'est formé ou par conviction ou par calcul. Alors sa responsablilité est encore plus grande.

Je suppose.

Le roi change son conseil : il s'adresse à des

hommes d'état pour en effectuer le renouvellement. Les nouveaux appelés ne veulent point ou ne peuvent point se charger du ministère que pour le diriger d'après un principe qu'ils ont arrêté : ils en font la condition expresse et positive. La condition est acceptée. Alors les ministres sont liés entre eux : leur engagemens deviennent saints et sacrés : il y aurait déshonneur à ne pas les observer religieusement. Le ministère marche d'ensemble : l'intérêt de chaque ministre est l'intérêt de tous les ministres : qui touche à l'un touche à l'autre : on ne les sépare point. Le roi ne modifie pas un pareil ministère : il le conserve ou il le dissout. Le ministère est dans sa ligne droite tant qu'il ne s'écarte point de ses conditions : c'est dans cette ligne que le monarque l'observe : qu'il le force à rester. Le moment arrive où le roi croit à la nécessité d'une autre direction : il s'en explique. Le ministère persiste : il se retire : il se retire en entier. Celui des ministres qui resterait serait honni par l'opinion publique.

Accoutumé qu'on est à considérer la puissance absolue comme une puissance sans limites; et la puissance constitutionnelle comme une puissance inviolable, on se laisse trop facilement aller à la fausse idée qu'un roi peut faire impunément ce qu'il a la volonté de faire. Il n'en est pas ainsi. L'opinion domine les rois absolus : elle les force à être justes. L'inviolabilité des rois constitutionnels ne les soustrait point à la responsabilité morale qui pèse sur eux de tout le poids que la liberté donne aux peuples : ils y réfléchiraient à deux fois avant de congédier un ministère entièrement identifié avec les intérêts nationaux. Nous ne sommes plus aux temps où les épreuves de force pouvaient se faire et se renouveler sans danger.

Mais le ministère d'omnipotence factice qui, géant aux pieds d'argile, ne s'applique qu'à faire de la force à l'intérieur et de la faiblesse à l'extérieur, et qu'on croirait jeté à travers les destinées de la France par les ennemis de notre gloire et de nos libertés ; le ministère des petits intérêts, des petites passions, des petites vues, que la sainte alliance, bonne appréciatrice des preux dont elle a encore besoin, semble avoir choisi pour son don Quichotte, a cependant imaginé de faire de telle sorte qu'un roi-citoyen fût réduit à devenir un roi fainéant, borné à prêter son nom alors qu'on le lui emprunterait ; et, confondant tout, les droits et les devoirs, la surveillance et la coopération, les ordres et les avis, a, comme je l'ai dit, fait place nette, et mis le monarque hors des affaires d'état. Les prétextes n'ont pas manqué : on les a mis au dessus du vrai. L'opinion publique a semblé sanctionner cette erreur : c'est que l'opinion publique a cru sur parole. La question n'avait pas encore été discutée. Les mots d'indépendance, d'énergie, de caractère ont de l'écho en France, ils séduisent; mais ils ne peuvent soutenir et prolonger leur influence qu'alors qu'ils sont l'expression de l'intérêt général; et ici il n'était question que d'intérêt personnel. Le temps l'a prouvé.

Répétons-le. Le roi gouverne; le ministère administre. Hé bien! de ce que le roi n'administre pas, est-ce à dire qu'il ne doit pas porter un regard scrutateur sur l'administration?... Est-ce à dire qu'il ne doit pas examiner si on l'a compris et comme on l'a compris?... Est-ce à dire qu'il doit être indifférent sur les services et sur les qualités des individus auxquels il délègue son autorité?... Et si le roi a une pensée meilleure que celle des ministres, faudra-t-il repousser cette pensée par la seule raison que c'est le roi qui l'a eue?... Et si parmi les citoyens aptes aux emplois, le roi en connaît qui, en réalité, méritent plus que ceux que les ministres lui ont présentés, il faudra donc que ces citoyens, parce que le roi les a appréciés, passent après ceux que le ministère a choisis, alors même que la camaraderie ou le népotisme auraient présidé aux choix ministériels?...

Non, certainement, non; cela ne peut convenir ni à un roi citoyen, ni à un peuple citoyen; et quand l'état social, échappé à sa longue oppression, est arrivé à ce point que la royauté n'est et ne peut être qu'une émanation de la souveraineté nationale, il est impossible de concevoir le souverain national borné à manger, boire, dormir, excepté quand il plaît aux ministres de l'obliger à signer. Autant vaudrait une griffe à signature; du moins alors l'on économiserait la liste civile.

Un peuple libre est un peuple travailleur, et quand le travail honore, interdire à un citoyen les moyens de s'honorer, c'est l'exclure de la loi commune. Cette injustice ne peut point entrer dans les mœurs d'une nation qui a rendu l'homme à toute sa dignité. Le roi est citoyen ; et si le roi ne doit rien faire, à quoi sert ce rempart d'inviolabilité dont la puissance royale est entourée ?... Il faut bien que l'inviolabilité s'applique à quelque chose : elle n'est rien si elle ne s'applique à rien.

L'inviolabilité s'applique aux erreurs que le roi peut commettre dans l'exercice légal de son autorité : cet exercice est celui dont le ministère assure la responsabilité. La loi fondamentale de l'état n'en admet point d'autre. Mais de ce que le roi est inviolable il ne faut pas en conclure que l'inviolabilité est illimitée : l'infini est au delà des facultés sociales. Ainsi le roi cesserait d'être inviolable s'il nous forçait d'obéir à des actes qui ne seraient pas contresignés par les ministres compétens : ainsi il cesserait d'être inviolable s'il détruisait les libertés du peuple ; ainsi il cesserait d'être inviolable s'il vendait la patrie......

Que les ministres élaborent avec soin les opérations dépendantes de leur département; que le ministère réuni avec présidence ou sans présidence titulaire, perfectionne, par la discussion, le travail que chacun de ses membres a préparé, et que, sous les yeux du roi, sans cependant que ce prince participe ni aux décisions à prendre ni aux mesures à arrêter, ce qui serait inconstitutionnel, que le conseil décide et arrête ce qui doit être exécuté. Que le ministère fasse mieux encore; qu'après avoir délibéré sous les yeux du roi, il décide et arrête hors de la présence du roi, si cet acte de prudence peut lui épargner des fautes de faiblesse. Néanmoins il serait plus digne de ne pas se cacher pour remplir son devoir.... Dans tous les cas, que le roi, sans se reposer sur la responsabilité ministérielle, comme s'il était lui-même responsable, examine sagement les affaires, qu'il les étudie, qu'il les passe au creuset épuratoire, c'est-à-dire qu'il s'éclaire et qu'il éclaire, il en a le droit et le devoir, et la nation le bénira d'avoir ainsi compris la royauté populaire. Assister au conseil ce n'est pas mener le conseil ; énoncer son opinion ce n'est pas donner un ordre. Ne confondons pas.

Je viens de dire qu'il y aurait inconstitutionnalité si le roi participait aux délibérations du ministère. Dans la circonstance actuelle surtout, c'est une chose qu'il faut redire, qu'il faut répéter, qu'il faut crier sur les toits, afin que la royauté populaire l'entende, et qu'elle ne se perde pas par ses propres égaremens.

Un acte inconstitutionnel est une forfaiture au pacte fondamental de l'état : il n'y a aucune position sociale qui puisse être à l'abri de l'action des lois contre un forfait prouvé : la royauté elle-même ne serait pas une sauvegarde : elle aurait abdiqué ses droits du moment où elle aurait cessé d'agir constitutionnellement. Le trône constitutionnel est tout dans la constitution : hors de là il n'est nulle part.

Qu'on y fasse attention : la chose est beaucoup plus grave qu'on ne paraît le croire.

Le roi cesse d'être roi dès qu'il veut être ministre : il ne peut pas être l'un et l'autre à la fois : la Charte a séparé l'inviolabilité de la responsabilité.

Mais la forfaiture qui atteindrait le roi atteindrait aussi les ministres qui l'auraient laissé forfaire : ils seraient au moins aussi coupables que le souverain.

Un ministre n'est pas seulement ministre pour faire personnellement le bien : il l'est également pour empêcher le roi de faire le mal. C'est là un des caractères spéciaux de sa responsabilité.

Toutefois la sévérité de mon opinion à cet égard, ne change rien à la conviction de celle où je suis aussi, qu'un roi de souveraineté nationale doit étudier et connaître les affaires de l'état.

Etendons la discussion. Nous prétendons que le roi-citoyen doit être un roi populaire: c'est-à-dire que nous désirons de lui parler et qu'il nous parle. Certainement nous ne nous adressons à ce prince que pour l'entretenir d'affaires sérieuses; mais s'il n'est pas mêlé au mouvement des affaires, s'il n'a pas même la faculté de les étudier, il ne pourra point nous comprendre, et, dans notre désappointement, nous tournerons son incapacité en ridicule. Toutefois ce tort ne sera pas véritablement le sien. C'est le système qu'on lui aura imposé qui le rendra inhabile à exprimer sa manière de voir. Ainsi nous nous serons privés de la faculté de pouvoir en appeler de l'injustice des ministres à la justice du roi. L'Ignorance tient mal la balance de Thémis: un monarque ignorant serait un mauvais juge.

Que si vous voulez que le roi vous débarrasse d'un mauvais ministre, il faut bien que le roi sache et comment et pourquoi le ministre est mauvais; il faut bien qu'il l'étudie dans son action quotidienne, dans les débats du cabinet, dans le travail qu'il médite, dans les opérations dont il rend compte, même dans ces mots qui échappent à l'homme et décèlent sa pensée, et si le roi ne le voit que pour lui donner sa signature, il ne pourra pas le connaître et apprécier de quelle importance il est de satisfaire à votre réclamation. Alors le prince sera obligé de s'en rapporter au premier ministre : au premier ministre qui peut-être aura des raisons personnelles pour conserver au pouvoir celui de ses collègues que l'opinion publique voudrait en éloigner.

On prétend que les rois, même les rois constitutionnels, ne trouvent bien que ce qu'ils font ou ce qu'ils veulent. Ici il y a imposture ou lâcheté quant aux rois constitutionnels. D'abord le roi constitutionnel n'a pas la faculté de prescrire ce qui n'est pas dans la loi, et, pour être obéi par des ministres qui se respectent, et qui respectent la loi, il faut avant tout qu'il leur parle la loi à la main. Eh bien, si le roi constitutionnel prescrit des mesures contre les intérêts nationaux, et qu'il soit assez mal inspiré pour dire, *Je veux ;* que les ministres, renonçant à tout espèce de flatterie, et forts de ces sentimens purs que la patrie inspire, répondent avec noblesse et fermeté: *Sire, la loi ne le veut pas, et nous vous refusons notre signature......* et s'ils sont dans leur droit, que la cause qu'ils soutiennent soit réellement une bonne cause, le roi n'insistera point, et, revenu à la raison, il rendra grâce au ministère qui l'aura empêché de mal faire.

Contradiction manifeste des hommes qui sont au pouvoir, ou qui aspirent au pouvoir. Ils veulent qu'un roi, fils de la souveraineté nationale, de cette souveraineté fondée sur les lumières, soit sans yeux, sans oreilles, sans esprit, sans jugement, et, mannequin couronné, qu'il n'ait pas même l'instinct du bien ou du mal qu'il peut faire ; tandis qu'eux, agens révocables, sont toujours prêts à bouleverser l'état afin d'établir la toute-puissance de leur propre volonté. Disons plus ; ceux qui affectent de craindre l'influence que le roi peut avoir sur les ministres, s'abandonnent pourtant, sans se plaindre, à la domination despotique d'un président de conseil, espèce de maire du palais, qui leur fait subir ses exigeances, ses emportemens, et qui semble sans cesse leur dire ; *le ministère, c'est moi*.

Ceci m'amène à parler des présidences de conseil : j'entends des présidences titulaires.

Les présidences de conseil qui, sans crainte de froisser la susceptibilité des amours-propres, élèvent un ministre au-dessus des autres ministres, sont plus souvent données au favoritisme qu'au talent ; du moins elles tiennent plutôt à des combinaisons particulières qu'à des considérations générales, et, sous ce point de vue, elles sont plus en rapport avec les monarchies de droit divin qu'avec les monarchies qui n'ont d'autre légitimité que la légitimité du peuple.

Dans un gouvernement populaire il est de principe que les emplois, grands et petits, appartiennent aux plus dignes, et l'opinion publique se fait toujours entendre pour constater les droits réels. Que les ministères ne soient point exclus de la règle commune : le mérite y prendra sa place ; la présidence ira tout naturellement à celui qui doit présider.

Un président de conseil est, dit-on, la représentation d'un système, et par le seul fait de sa présence à la tête du ministère, l'on sait de suite la marche que le gouvernement veut suivre. Voilà la raison la plus spéciale qu'on donne : peut-être aussi la plus spécieuse qu'on puisse donner. Mais qu'entend-on par un système? est-ce un système social? Est-ce un système politique? Je conçois la continuation d'un système social : la Charte est là pour m'en expliquer le principe et m'en garantir la durée : celui-là se représente lui-même. Je ne conçois pas aussi bien la continuité d'un système politique : sa base repose sur un sable mouvant : ses combinaisons varient en raison des variations qui l'entourent : c'est pourtant ce système qu'on veut faire représenter. Ainsi le président du conseil qui représentait le système politique d'hier, n'est pas celui qu'il faut pour représenter le système politique d'aujourd'hui, et celui d'aujourd'hui ne sera plus apte demain. Pourquoi d'ailleurs cette représentation, si tant est qu'on la croie indispensable, ne serait-elle pas plutôt confiée à tous les ministres qu'à un seul ministre ?... Y a-t-il un grand intérêt à créer des supériorités de convenance là où il ne doit y avoir que des supériorités de mérite ? Le ministère ne peut-il pas nommer et renouveler sont président ?

Ce ne sont pas des présidens qui manquent à nos ministères... Ce qui leur manque, c'est un principe national, unique, fort, invariable, qui, entrant franchement dans la révolution de 1830, en assure toutes les conséquences, et garantisse au peuple les droits pour lesquels il a combattu et triomphé... Ce qui leur manque, c'est une organisation dont toutes les parties soient tellement liées, tellement compactes, qu'aucun ministre ne puisse, même clandestinement, suivre une autre marche que la marche du conseil... Ce qui leur manque, c'est une probité politique qui ne se démente jamais, n'importe les difficultés en présence desquelles ils peuvent se trouver... Ce qui leur manque, c'est une volonté de patriotisme tellement prononcée que, par la seule force de son expression, elle ait la puissance de paralyser toutes les volontés qui ne sont pas patriotiques... Ce qui leur manque, c'est ce dévouement inné qui fait qu'on est toujours prêt à se dévouer aux intérêts du pays... Ce qui leur manque enfin, c'est la mémoire nécessaire pour ne pas oublier qu'on a été citoyen avant d'être ministre; et qu'il vaut encore mieux être bon citoyen que mauvais ministre. Voilà ce qui manque à nos ministères : voilà à quoi il faut sérieusement songer. Evitez de vous en rapporter à un seul homme placé de telle manière qu'il lui est impossible d'être dans une entière indépendance d'opinions. Vous réussirez une fois ; vous vous tromperez cent fois : chacune de vos erreurs aura quelque chose de fatal. Il y en a assez de la centralisation de la royauté.

D'ailleurs une présidence de conseil, telle qu'on la comprend, telle qu'on la fait, est-elle une institution véritablement constitutionnelle ?

La charte est notre évangile politique : il faut la prendre telle qu'elle est.

L'homme privé peut faire ce que la loi ne défend pas : l'homme public ne doit faire que ce que la loi permet. Cet axiome de droit social est généralement consacré.

Le roi est le premier de tous les fonctionnaires : c'est par l'exemple qu'il est obligé de prêcher sa soumission au pacte fondamental de l'état.

Ainsi le roi n'a d'autre autorité que l'autorité écrite dans la loi. Il nomme les ministres : les ministres sont responsables. Mais il ne s'ensuit pas de là que le roi, roi constitutionnel, ait faculté légale de donner à un ministre plus d'autorité qu'à un autre ministre, car, selon le principe éternel de la justice distributive, celui qui a le plus d'autorité a aussi le plus de responsabilité, et cependant, la charte, muette sur la présidence ministérielle et sur la distribution des pouvoirs ministériels, rend tous les ministres également responsables. Preuve évidente que le législateur n'a pas pensé qu'il dût s'élever une fonction titulaire entre le roi et les ministres.

Ce n'est pas ici une querelle de mots: je cherche de bonne foi à éclairer ma religion sur le sens qu'il est convenable de donner aux choses.

Le président du ministère est le créateur du ministère : il est le ministère. Les autres ministres n'entrent en ligne de compte que sous le rapport de la direction matérielle du département qui leur est confié. Il ne leur est pas permis d'avoir d'autre système politique que le système politique du président: l'omnipotence du président pèse sans cesse sur eux: le portefeuille leur échappe dès qu'ils ont une pensée différente que celle que le président manifeste. De manière qu'ils sont constamment dans l'alternative de perdre leur place ou de sacrifier leur opinion. Le président du ministère est donc une puissance extra-ministérielle. Ce n'est pas un roi en principe ; c'est un roi en action. Ce n'est pas le roi de droit : c'est le roi de fait. Tout cela est en dehors de la constitution.

La responsabilité des ministres est une : leur pouvoir doit être un.

L'on veut se modeler sur l'Angleterre qu'on s'obstine à considérer comme un pays de liberté. Mais qu'ont de commun la liberté féodale de l'Angleterre et la jeune liberté de la France ?... Ne l'oublions pas ; tout ce que la révolution française a fait de mal elle l'a fait pour avoir voulu imiter la révolution anglaise. Le peuple français ne doit pas être un peuple d'imitation. Soyons nous ; nous en vaudrons davantage.

Regardons autour de nous. Méditons sérieusement sur les angoisses actuelles de la

France : alors nous nous ferons peut-être une plus juste idée du danger qui peut résulter des présidences.

Le soleil de juillet avait pâli : les illusions de la grande semaine étaient dissipées. Les jours d'affection patriotique semblaient n'avoir jamais existé. Le pouvoir faisait comme les doctrinaires : il prenait deux faces. Tout s'usait avec rapidité : les hommes et les choses. L'on aurait dit qu'il s'était écoulé des siècles depuis le programme de l'Hôtel-de-Ville. Les renégats envahissaient toutes les fonctions : les transfuges rentraient sous les drapeaux. Le carlisme levait un front radieux.

Une combinaison anti-nationale avait éloigné un homme de bien de la présidence du conseil : une combinaison anti-populaire y amena le président actuel.

Ici il est question d'individualité : les réticences seraient déplacées : je me dois de nommer : je nomme.

M. Casimir Perrier prit les rênes de l'état.

L'histoire expliquera ce ministre.

Les plumes du pouvoir n'ont pas manqué à son éloge : les plumes citoyennes lui ont livré un combat à outrance.

Aujourd'hui chacun cherche à anticiper sur le jugement de la postérité.

Je joins mon opinion de conscience aux opinions que je crois consciencieuses.

M. Périer est étranger à la diplomatie : l'administration n'est pas son fait : la police sous ses ordre a des taches de sang : rien de grand n'est sorti du ministère dont il est l'âme : il n'a accompli aucune de ses promesses.

Ce ministre n'est donc pas un homme de génie : toutefois ce n'est point un homme ordinaire. M. Périer est un homme distingué : distingué surtout comme homme d'affaires.

Je n'ai point à m'occuper de sa vie privée : je la respecte. Mais la nature lui a refusé toutes les qualités nécessaires pour gouverner. En effet : sa vie politique est une vie de fiel : on dirait que la colère est nécessaire à son existence. Une organisation aussi malheureuse peut faire beaucoup de mal : il serait difficile qu'elle fît beaucoup de bien : l'expérience a parlé.

M. Laffitte a plus d'étendue dans l'esprit : plus de patriotisme dans le cœur. C'est l'homme des trois journées. On lui a reproché de la faiblesse dans l'exercice de ses fonctions : on ne l'a jamais accusé de manquer de dévouement. C'est lui qui a dit : *Je suis révolutionnaire : le roi est révolutionnaire :* profession de foi de souveraineté populaire. Il est d'ailleurs permis de penser que cet honorable citoyen n'aurait jamais consenti à la honte et à l'humiliation de la France. La nation n'a point oublié que M. Laffitte a sacrifié son immense fortune au triomphe de la grande semaine.

Hé bien ! M. Périer, dont la carrière ministérielle n'a rien d'élevé, rien de glorieux, et qui, dans des temps ordinaires, serait passé sans laisser des traces durables, M. Périer qu'il aurait été si facile de remplacer s'il n'avait été que simple ministre, a, par le seul fait de son éloignement forcé, détruit le ministère du 13 mars. En effet, tout a été dans un désarroi extrême dès le moment où le président du ministère, étendu sur un lit de douleur, a dû laisser échapper le sceptre ministériel, et la France, indignée du scandale de cette position, s'est demandé et se demande encore ce qu'elle doit faire.

M. Périer était le 13 mars incarné ; système, ministère, direction, exécution, il faisait tout aller, et lui seul mettait la main au timon des affaires. Sa route était mauvaise : affreusement mauvaise. Il allait périr et nous faire périr... C'est cette conviction profonde qui ronge cruellement sa vie : une vie pour laquelle dans d'autres temps la patrie aurait fait des vœux... Mais c'est en vain que les ministres voyaient le danger : ils se seraient bien gardés d'en faire la remarque : leur tâche était remplie quand ils avaient obéi.

Tel est l'effet des présidences titulaires. Et quand on voit donner une si grande importance à un président de conseil, par la seule raison qu'on personnifie en lui un système politique qu'il s'est chargé de représenter, comment pourrait-on vouloir, en même temps, que le roi, représentant national de tous les intérêts de la France, ce qui est bien autre chose que la représentation d'un système, n'ait pas ou ne cherche pas à acquérir, dans l'habitude quotidienne des hommes et des choses, autant de lumières que le premier ministre peut en posséder !...

Le ministère qui plombe si lourdement sur nous, a fait du gouvernement constitutionnel que nous entendions, un gouvernement ministériel que nous ne comprenons pas, et le *je veux* dont, dans sa crainte soupçonneuse, il a cherché à se garantir en ne tenant pas le conseil sous les yeux du roi, il s'en est emparé pour l'adresser lui-même à la nation. En effet, chacune de ses paroles équivaut à l'expression impérieuse qu'il feignait de redouter dans la bouche royale, et il est malheureusement vrai de dire que chaque jour ajoute à la conviction dans laquelle on est, qu'il a compris sa mission ministérielle comme on la comprenait dans les jours les plus affreux de la restauration. Son existence est une lonue félonie contre la révolution des barricades.

Reste à savoir maintenant si le ministère auquel l'indignation publique a donné la qualification caractéristique de *fatal*, a fait moins de mal en étant livré à lui-même, que ce qu'il aurait pu en faire en ne se séparant pas roi. C'est à la conscience à décider.

Le début de ce ministère fut un présage

funeste pour le pays; et il n'a que trop réalisé les craintes des véritables patriotes qui s'étaient franchement identifiés au gouvernement né de la révolution de juillet. Aucune opinion populaire ne salua son avénement; mais les puissances ennemies déclarées de notre liberté, s'en félicitèrent, et elles avaient raison... Mille souvenirs accusateurs se mêlaient à son apparition : les amis de la patrie ne la considérèrent que comme une transaction entre la révolution de 1830 et la restauration de 1815. C'est sous ces fatals auspices que le ministère débuta.

Force à l'intérieur : soumission à l'extérieur. Tel fut le principe manifesté et développé par ce ministère. C'était proclamer une guerre civile au dedans : une paix honteuse au dehors. L'on a ce que l'on désirait. Mais la France a-t-elle gagné ou a-t-elle perdu à ce que le ministère ait atteint le but qu'il s'était proposé, car, en dernière analyse, c'est par le bien obtenu ou par le mal produit que la question doit se résoudre?...

La France a rétrogradé de toutes les manières : elle n'est plus ce que la révolution de juillet l'avait faite : c'est presque la France de la restauration.

La force à l'intérieur... Aveu complet de la désaffection nationale, la force invoquée par le pouvoir et pour le pouvoir, n'est qu'une force brutale qui, par sa nature, se rue sur la liberté, sur l'égalité, et sur tout ce que les peuples ont de noble et de généreux. Cette espèce de force qui met le glaive de la loi dans les mains arbitraires du despotisme, dévore tout, se dévore elle-même, et, dans son passage, ne laisse que des empreintes de sang. C'est écrit en lettres de sang que les noms de ceux qui ont pris la force brutale pour leur étoile polaire passent à la postérité, et cette faculté déplorable est acquise au ministère du 13 mars. Dans un pays de souveraineté populaire, la force brutale n'a jamais été et ne pourra jamais être un moyen d'ordre, car elle est toujours déployée contre le peuple, et, par sa nature, incapable de raisonner son emploi, elle est obligée de frapper aveuglement les bons et les mauvais, comme nous en avons été maintes fois, et les témoins et les victimes. L'emploi de la force brutale, établie en principe, est une semence de haine et de vengeance qui porte son fruit quotidien, et qui finit par partager l'état en deux camps, celui des oppresseurs et celui des opprimés, situation trop féconde en orages pour ne pas exclure l'affection, la sécurité, la confiance et par suite, pour ne pas étouffer le développement de l'industrie et du commerce. Il faut renoncer à l'exercice du pouvoir alors qu'on n'a que la force brutale pour se faire obéir.

La soumission à l'extérieur... Les rois par la grâce de Dieu, en tant que rois, ne se prêtent point aux convenances, quelles qu'elles soient, du commun des hommes, et leurs combinaisons sont des combinaisons d'un calcul tout personnel. Leur essence est purement égoïste. Le bien, pour eux, est ce qui peut leur être utile; le mal, ce qui peut leur nuire, et il y a à peu près impossibilité qu'il en soit autrement. Ces rois de droit divin sont identifiés avec la royauté, ils se considèrent comme la royauté, les intérêts de la royauté sont leurs premiers intérêts, leurs intérêts uniques, et ces intérêts sont d'une matérialité telle qu'aucun sentiment moral ne peut les influencer. L'histoire est là pour le prouver : chacune de ses pages contient un fait.

Eh bien, les royautés de l'Europe, sans en excepter celle d'outre-mer, accoutumées à faire croire qu'elles sont descendues du ciel, ont pensé que la révolution populaire de 1830 avait conquis ou reconquis les droits des nations, pour toutes les nations, et, par une suite naturelle, ébranlé les trônes féodaux que les siècles avaient consacrés. Dès lors ligue générale des monarques européens contre la révolution de 1830.

Mais les peuples ont aussi l'intelligence de ce qui peut leur être avantageux ou désavantageux : ils entouraient de leur amour cette même révolution que les rois vouaient à la haine. Toutes les nations célébraient unanimement la gloire de la nation française. Jamais harmonie ne fut plus pure et plus universelle : l'on aurait dit que le monde ne formait plus qu'un seul peuple. Situation unique. Il devait en résulter des siècles de paix et de prospérité pour la France.

Le ministère du 13 mars a tout détruit : il a souillé le passé : il a flétri le présent : il a déshérité l'avenir.

La royauté populaire était née colosse : sa

force était d'une nature toujours progressive: elle pouvait immédiatement jeter de profondes racines. Il ne fallait pour cela que répondre à la voix amie des peuples ; que serrer les mains fraternelles que les peuples nous tendaient. Alors plus de choc à craindre : plus de conflit possible. Tous les cœurs se seraient réunis : chaque peuple aurait été libre : chaque nation indépendante. Les rois eux-mêmes auraient fini par comprendre le bonheur commun : par s'y associer : par le partager.

Et au lieu de ce moyen si prompt et si facile de consolider à tout jamais la gloire et la félicité de la France, le ministère, par une trahison ou une incapacité que nos derniers neveux maudiront encore, a repoussé orgueilleusement l'amour des peuples pour se soumettre avec bassesse à la haine des rois... Il a renié la révolution de juillet qui avait donné naissance à la royauté populaire, et, dégradant cette royauté nationale, la première des royautés, il l'a enveloppée d'un manteau de quasi-légitimité, afin de pouvoir obtenir son admission dans les rangs ou à la suite dse royautés de droit divin.

Alors les rois par la grâce de Dieu ne nous ont plus craint : ils nous ont méprisés. Ils ont levé la tête que jusque là ils avaient courbée : ils ont regardé la révolution de juillet en face : ils n'ont trouvé qu'un squelette ambulant. Ils l'ont baffoué : ils le baffouent encore. Cela durera jusqu'à ce qu'on ait eu le temps de lui creuser une tombe.

Les peuples avaient été tout feu pour notre révolution : ils sont devenus de glace pour nous. Il fallait s'y attendre. On les a trompés.

L'univers nous accuse. La postérité nous rendra responsables des malheurs de la Pologne, de l'Italie, de la Belgique, de l'Espagne, du Portugal ; et cet apanage, fruit de la soumission à l'extérieur, sera le seul dont le ministère du 13 mars aura doté la nation française.

Je suis arrivé, mon cher Dupont, au terme des observations que je voulais en même temps soumettre et à votre sagesse et au jugement de l'opinion publique.

Les questions que j'ai embrassées seraient importantes même dans les circonstances les plus ordinaires de la vie politique : la crise actuelle leur donne une gravité spéciale. Je désire que les développemens de ma pensée puissent déterminer la conviction des personnes destinées à conduire le vaisseau de l'état.

Ce n'est point ici l'œuvre des passions : c'est un écrit de bonne foi. Ma seule passion est l'amour de la patrie.

Je maudis le fatal système qui a frappé au cœur de la France nationale : qui finira par la tuer.

Mais loin de moi la pensée de méconnaître la loi suprême qui nous régit; magistrat, je l'ai défendue; citoyen, je la respecte; et la religion du serment est pour moi une religion sacrée. La nation a seule le droit légal de me délier de la foi jurée. Toutefois ce principe ne se borne pas à m'imposer des devoirs : il me donne la faculté constitutionnelle d'exiger l'accomplissement des promesses solennelles qu'on a faites au peuple français. Je suis peuple.

Le pouvoir feint de considérer comme une opposition systématique l'insistance qui lui rappelle sans cesse les engagemens qu'il a contractés. Ne désavouons pas cette dénomination : elle nous honore. Notre opposition est et doit être systématique contre toutes les déceptions permanentes. La gauche de la chambre élective a eu le tort de n'être pas assez pénétrée de cette vérité. Elle a plus d'une fois blâmé l'éloquence nerveuse de la franchise : cela devait lui nuire et lui a nui. La droite à mieux compris le besoin d'aller droit au but.

Adieu : *Je vous embrasse de cœur.*

PONS, DE L'HÉRAULT.

www.ingramcontent.com/pod-product-compliance
Lightning Source LLC
LaVergne TN
LVHW050616090426
835512LV00008B/1519